공 하나로 시작하는 **신나는 과학 탐험**

키즈 유니버시티
KIDS UNIVERSITY

"ROCKET SCIENCE FOR BABIES"

로켓 과학

크리스 페리 지음 | 정회성 옮김

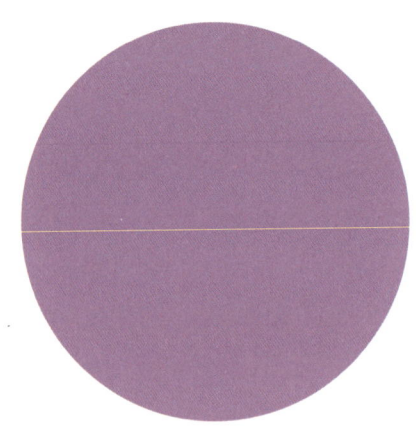

여기 공이 있어요.

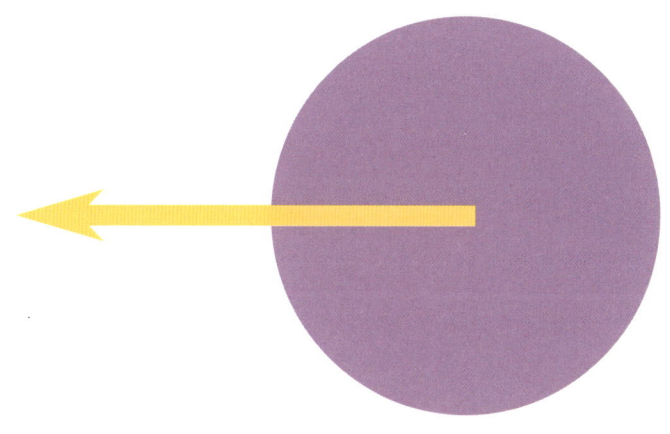

공이 왼쪽으로 움직여요.

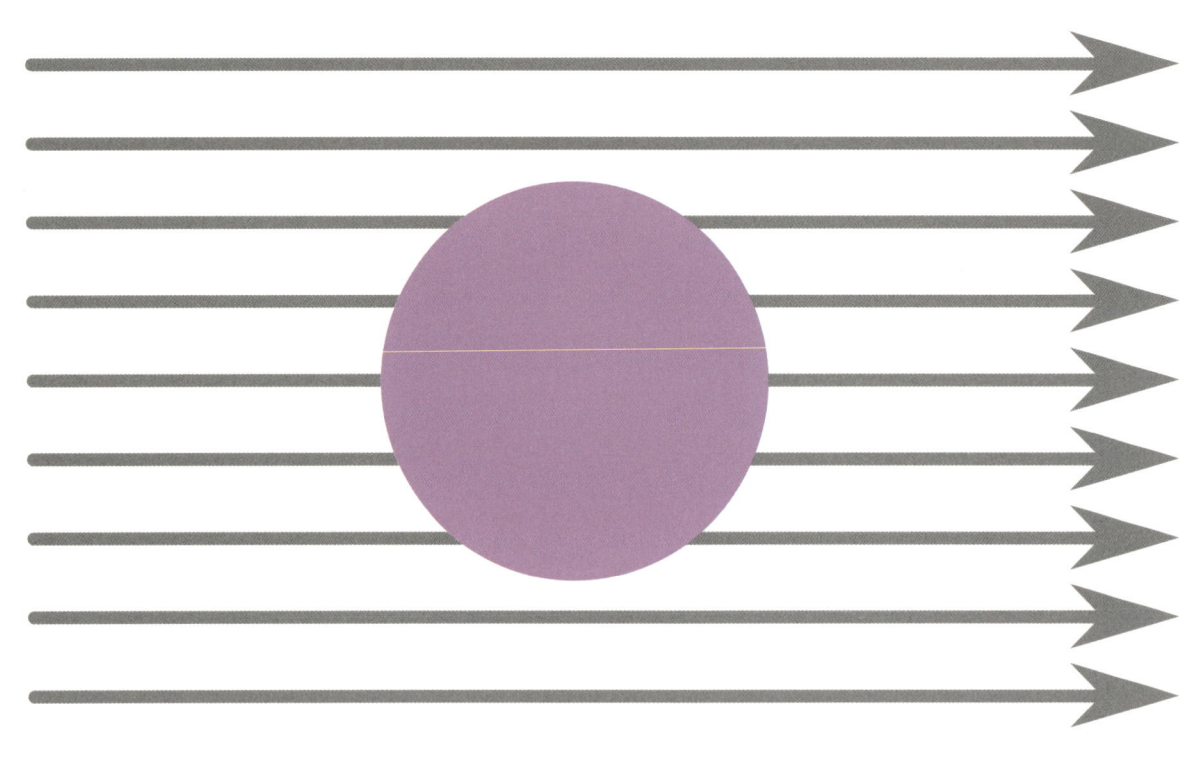

공기는 공을 뚫고 지나가지 못해요.

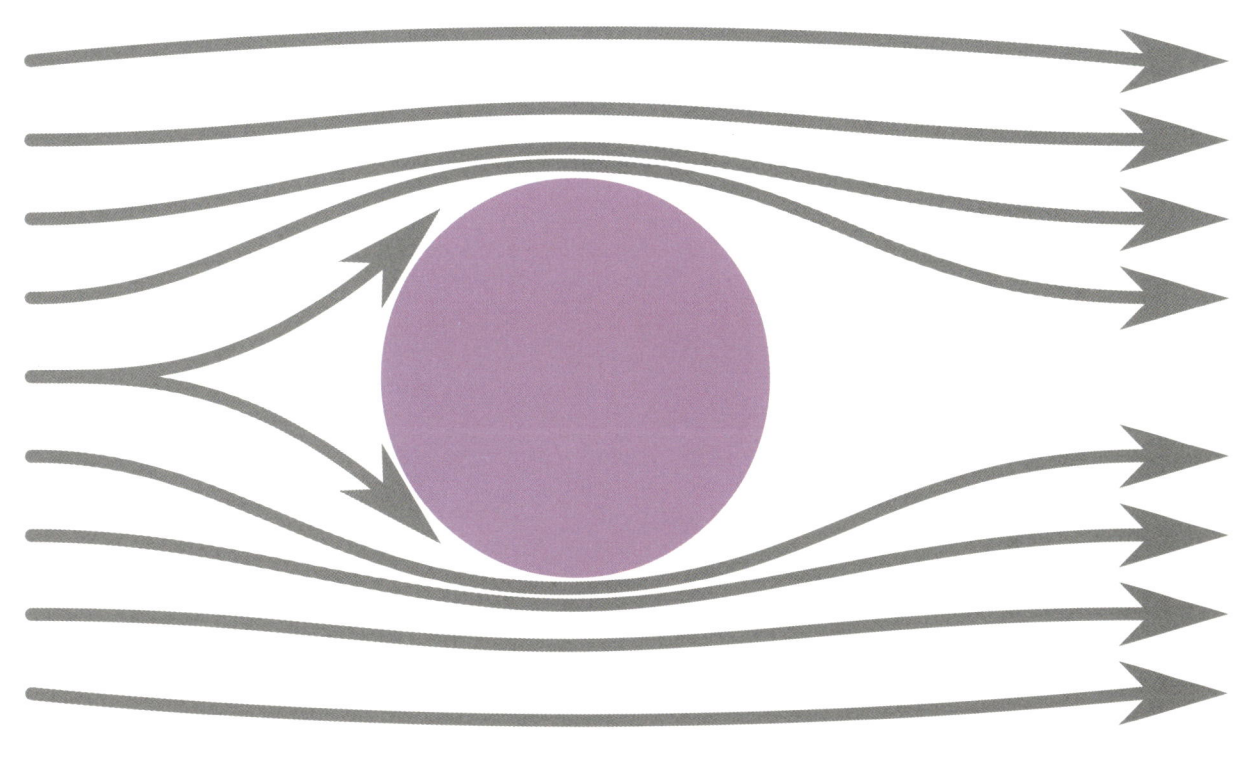

공을 감싸듯이 둘러서 지나가요.

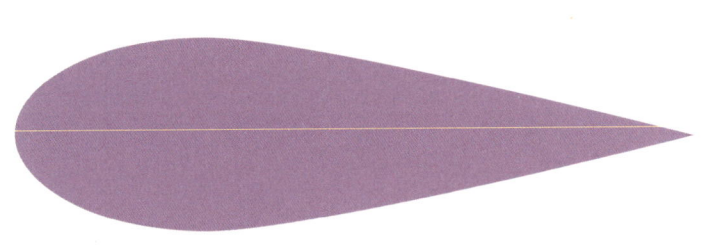

공의 모양을 이렇게 바꾸면,

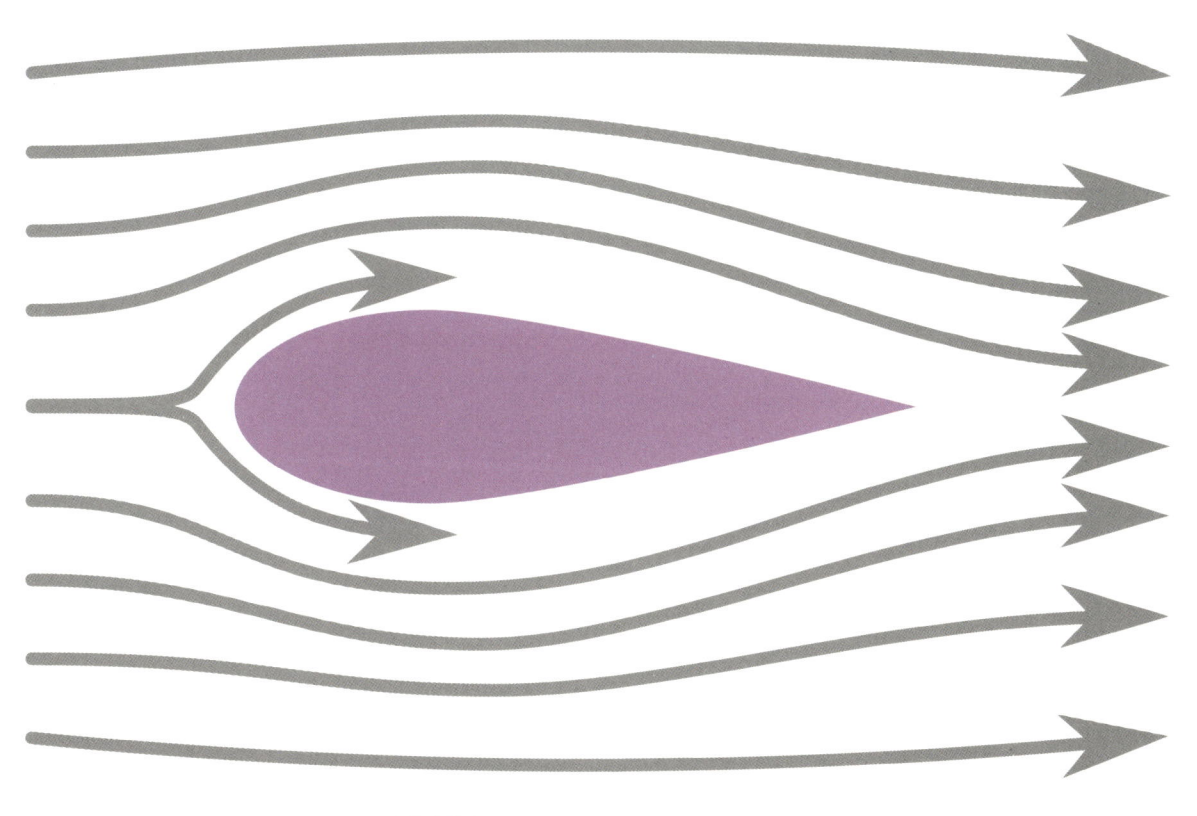

공기는 이렇게 지나가요.

이렇게 위쪽을 향하면 어떨까요?

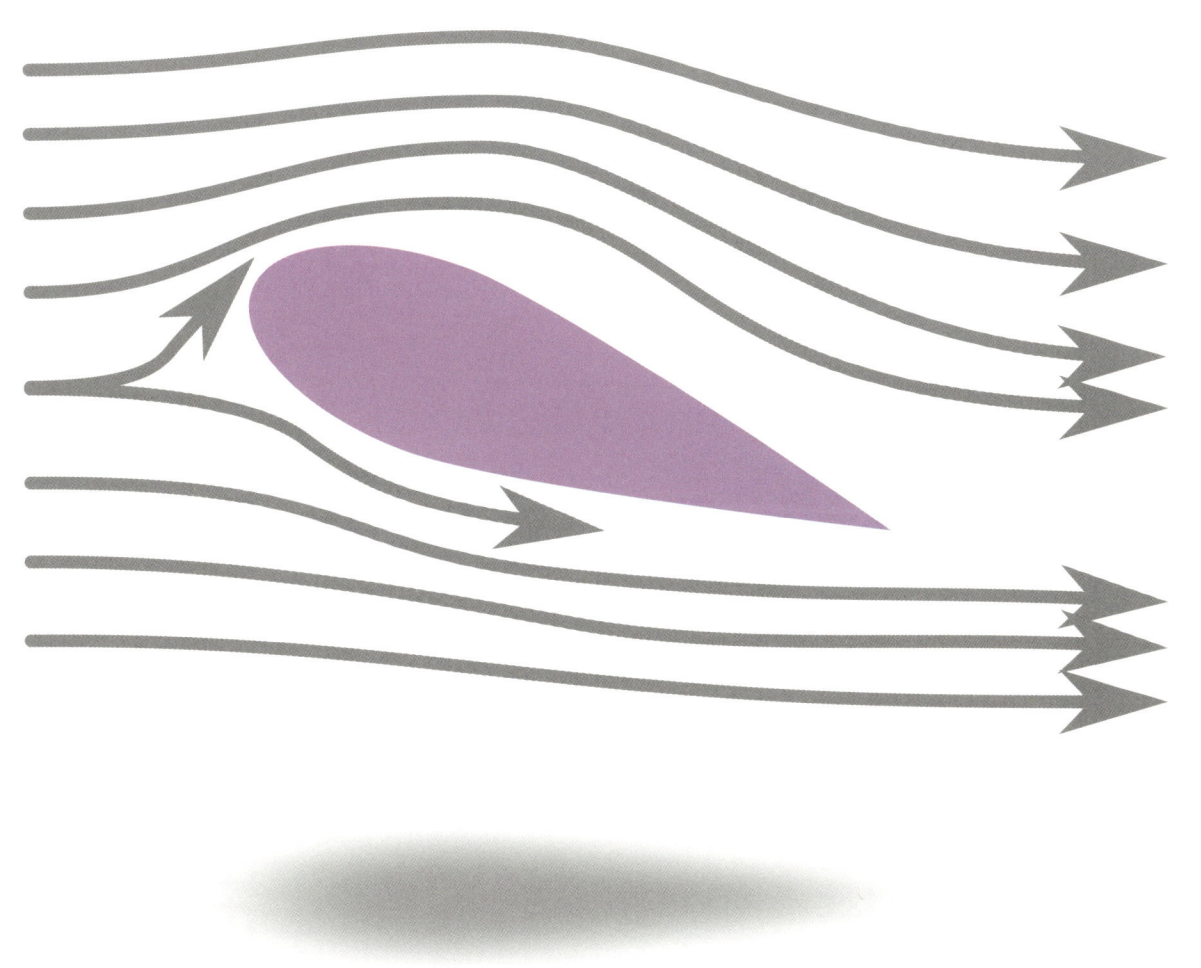

공기가 아래쪽으로 더 많이 지나가요.

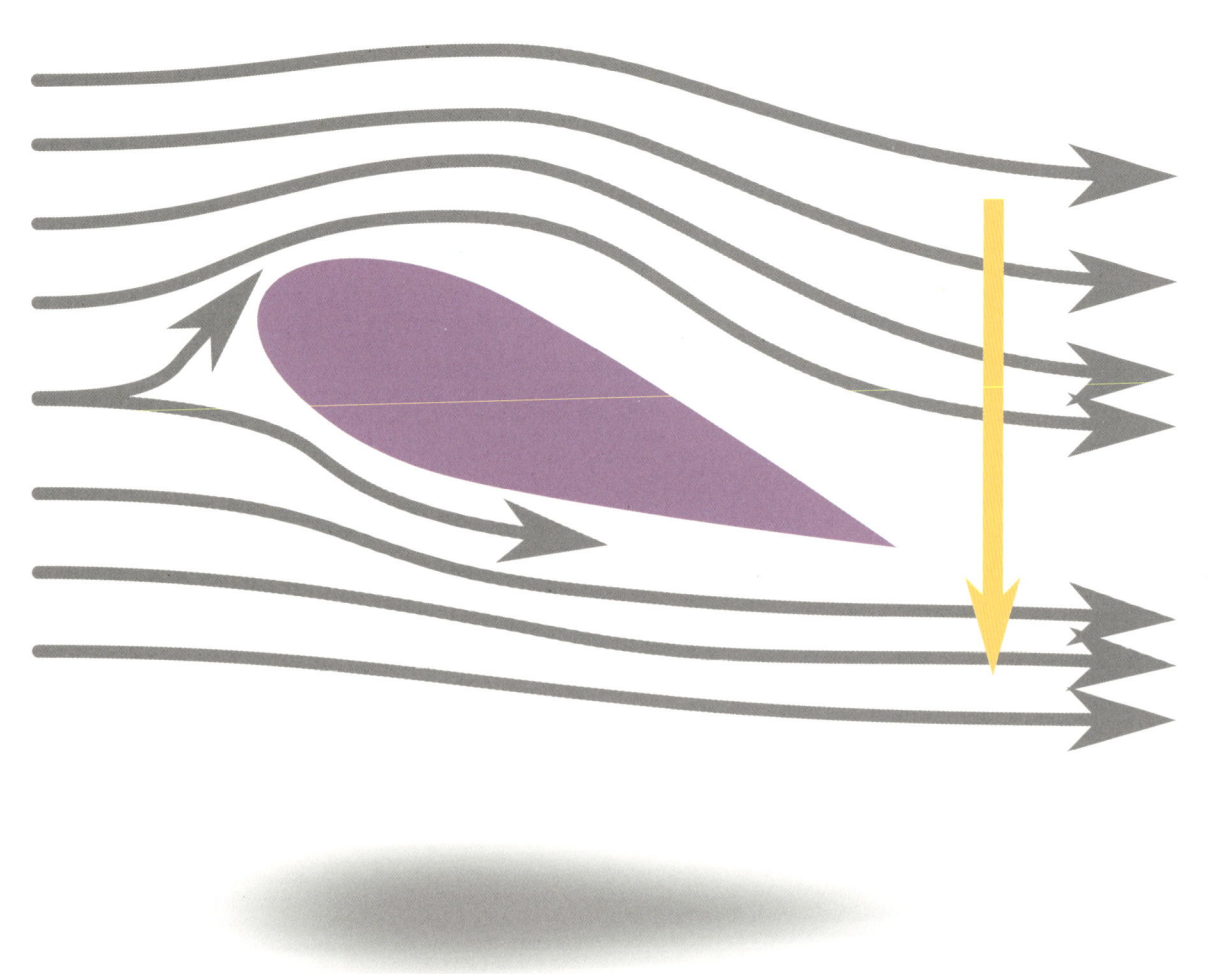

공기를 아래쪽으로 밀어 내리면,

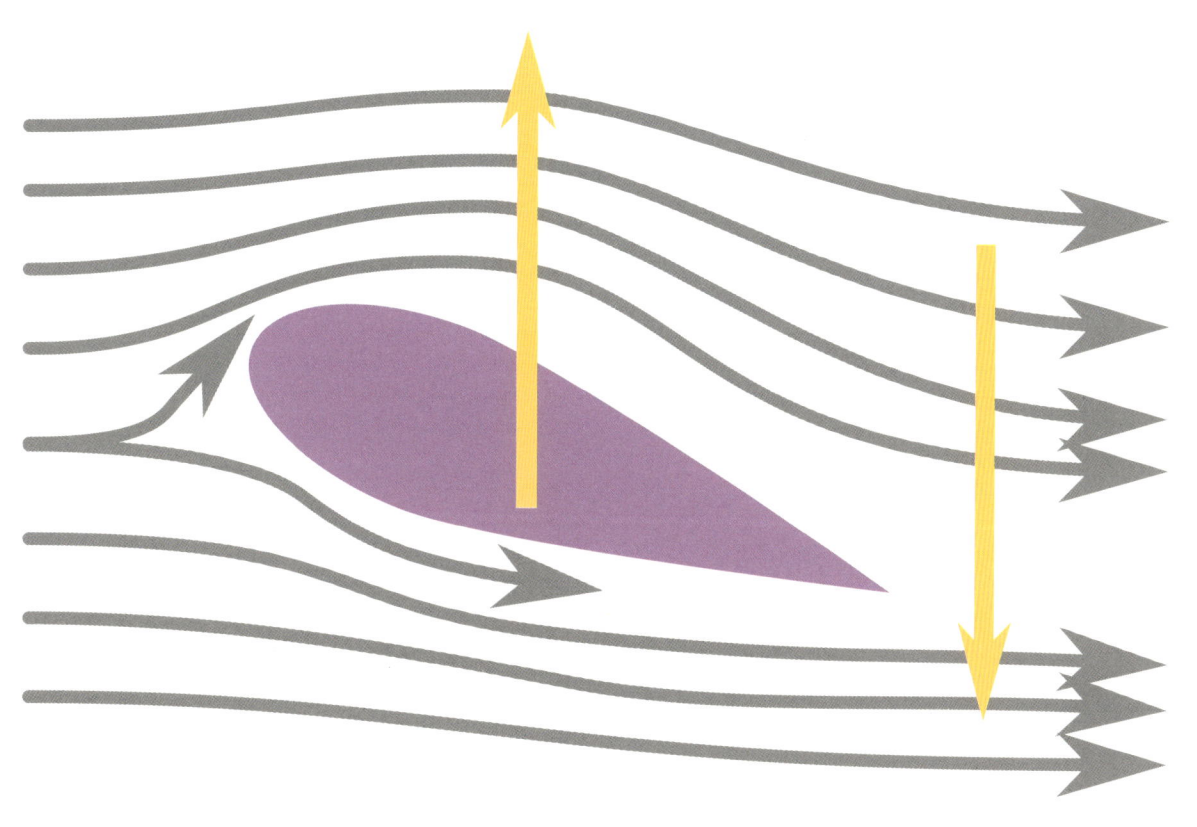

물체는 위로 떠올라요!

이렇게 물체를 떠오르게 하는 힘을
양력이라고 해요.

비행기의 날개가 이렇게 생겼어요.

공은 양력이 없어요.

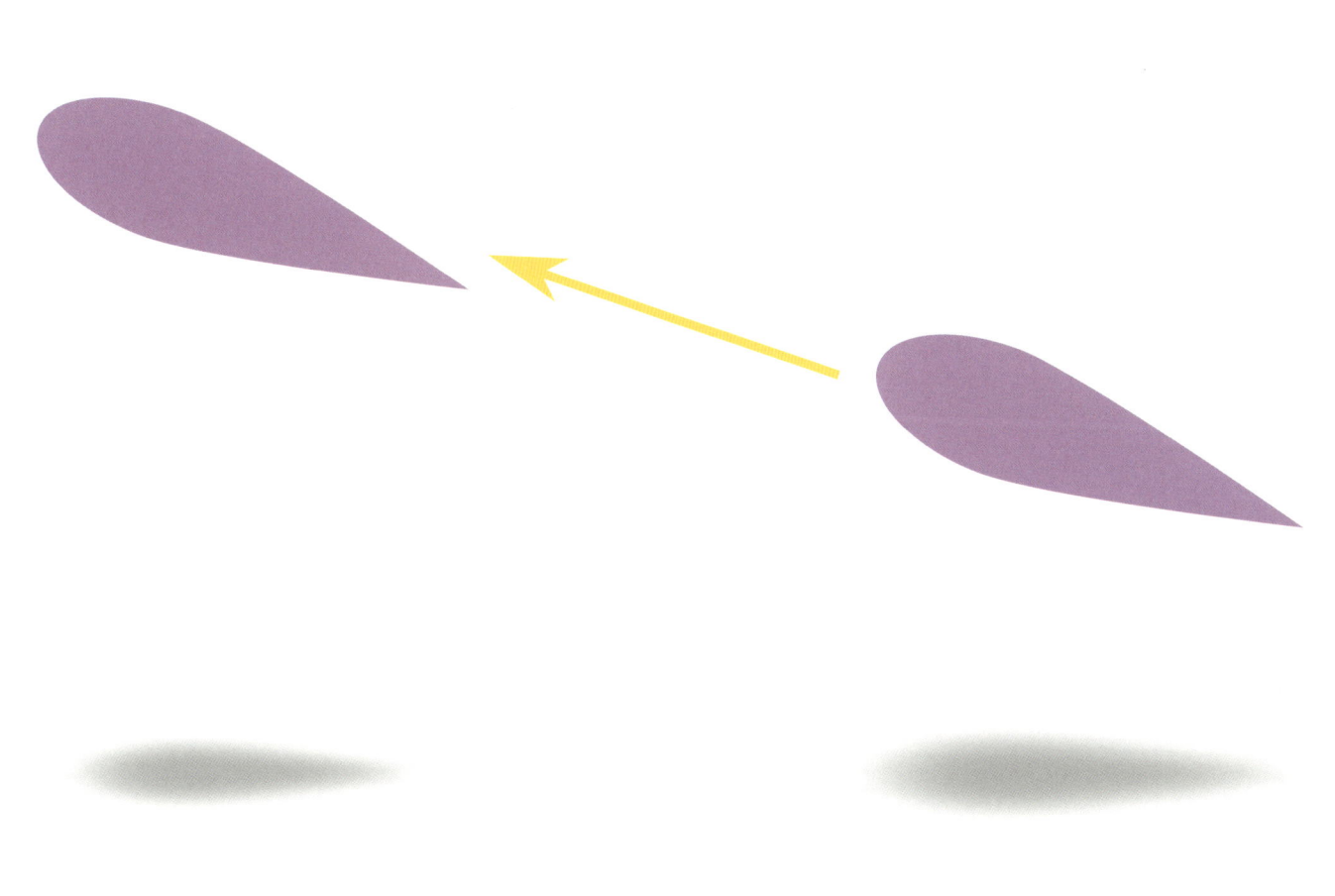

하지만 날개는 양력을 받아 날아올라요!

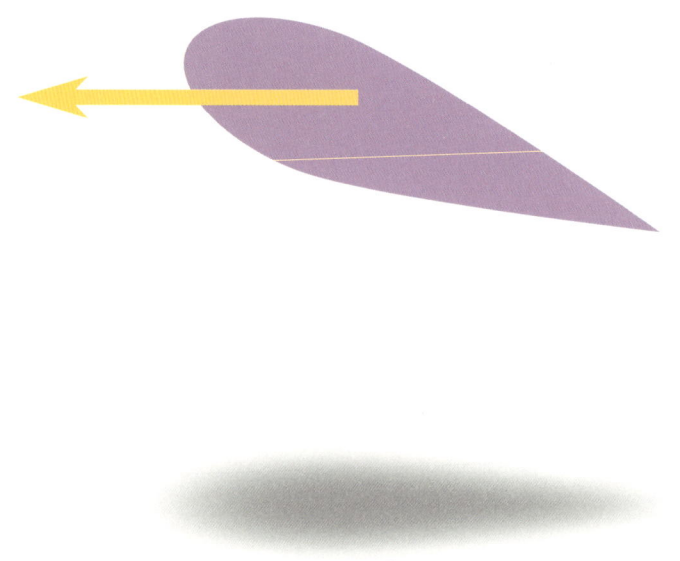

그러면 날개를 똑바로 나아가게 하려면
어떻게 해야 할까요?

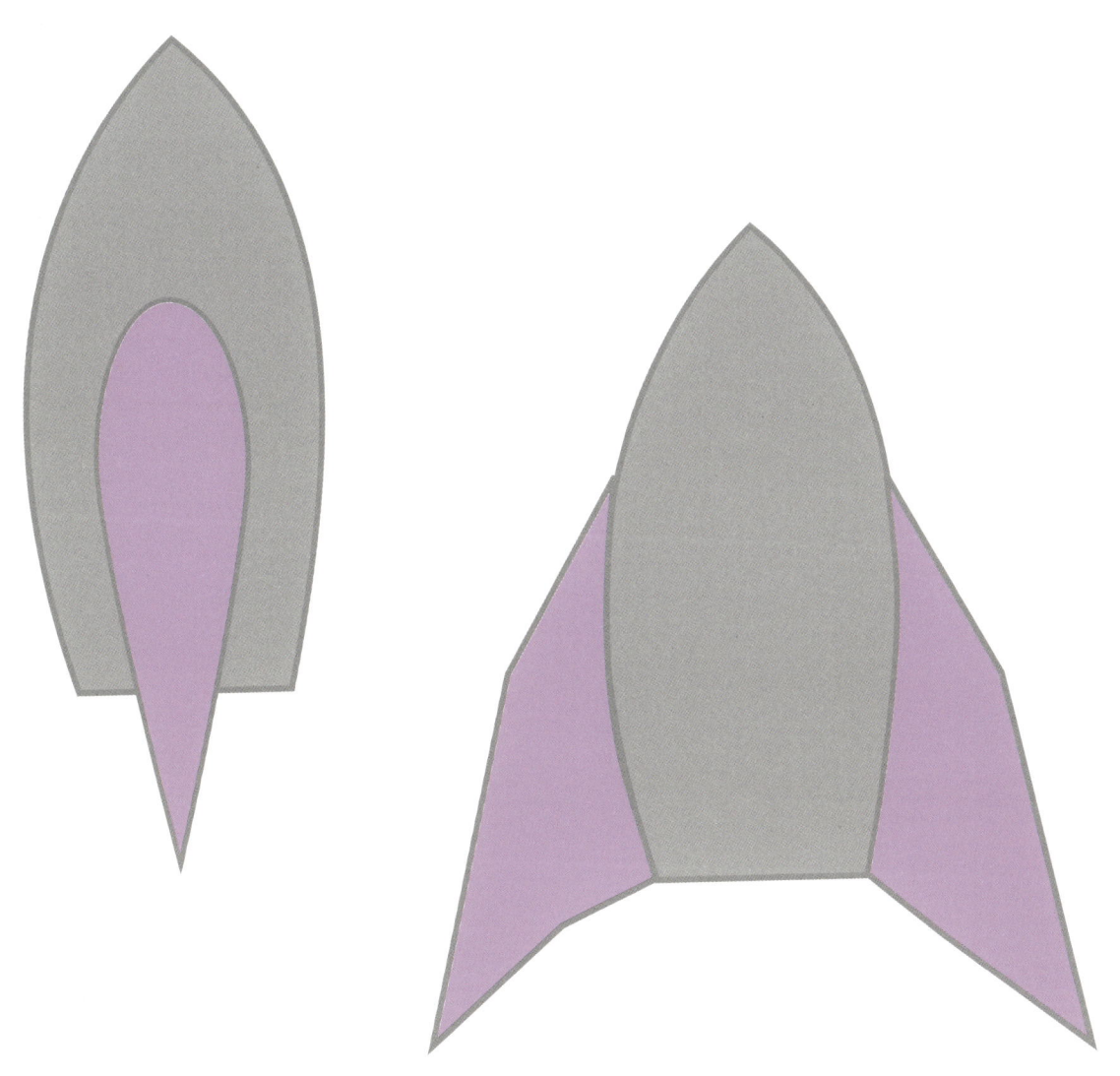

날개를 로켓에 매달면 돼요!

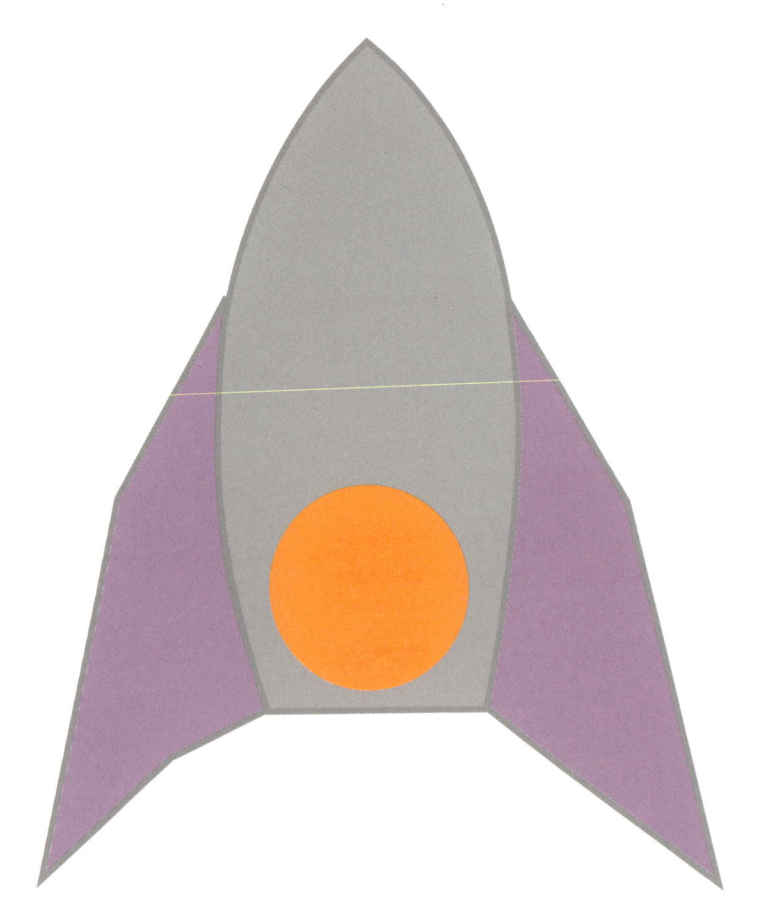

이 로켓에는 연료가 가득 담겨 있어요.

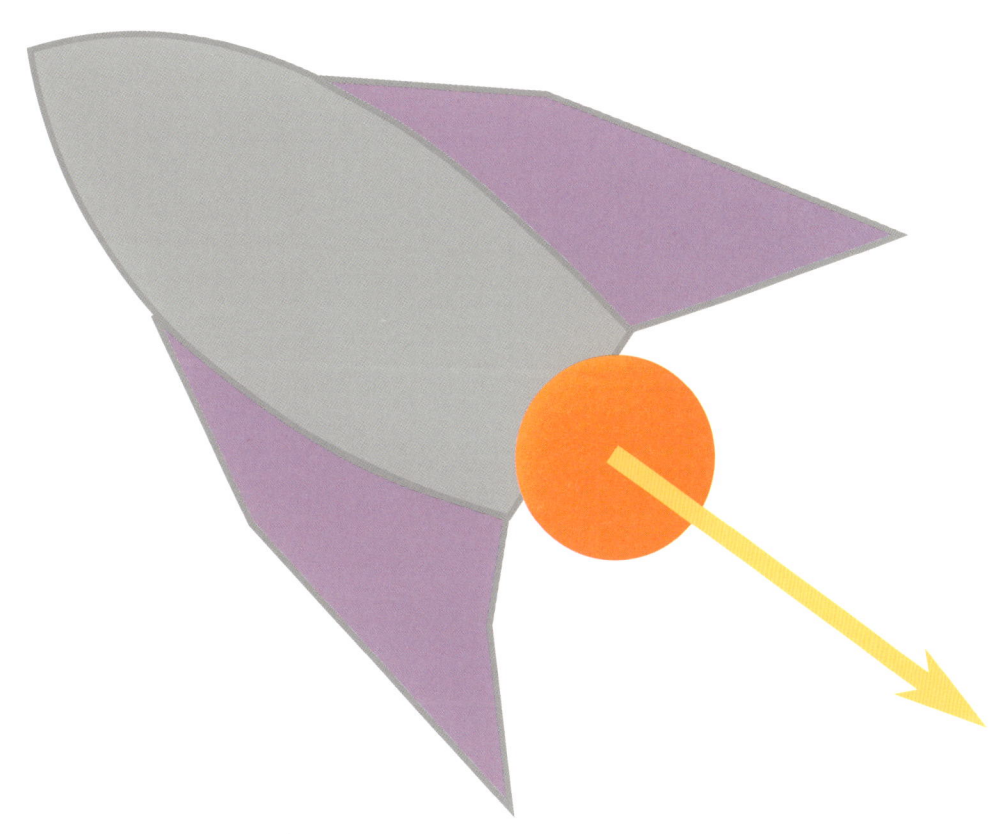

연료를 내뿜으면,

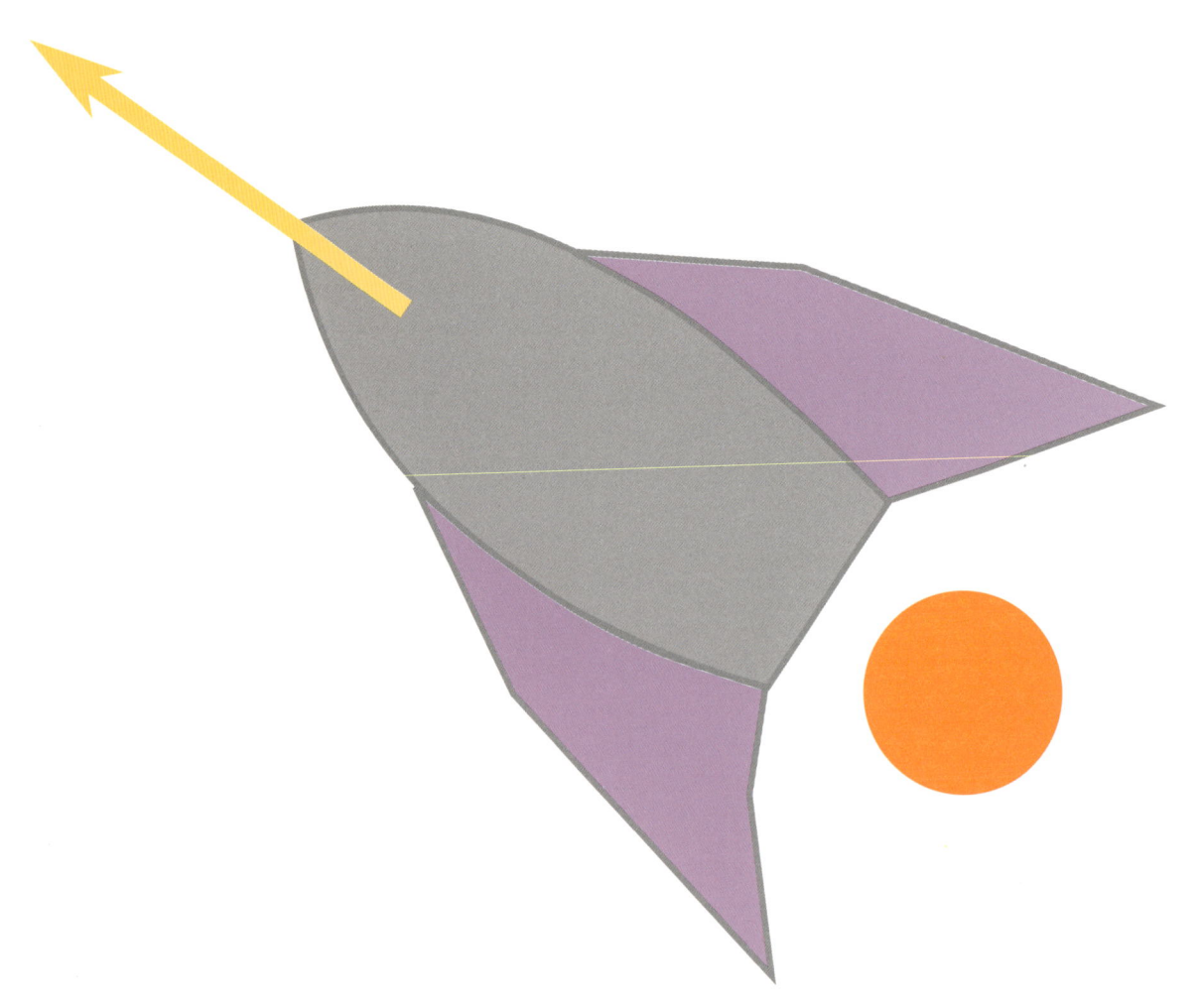

로켓은 반대 방향으로 나아가요.

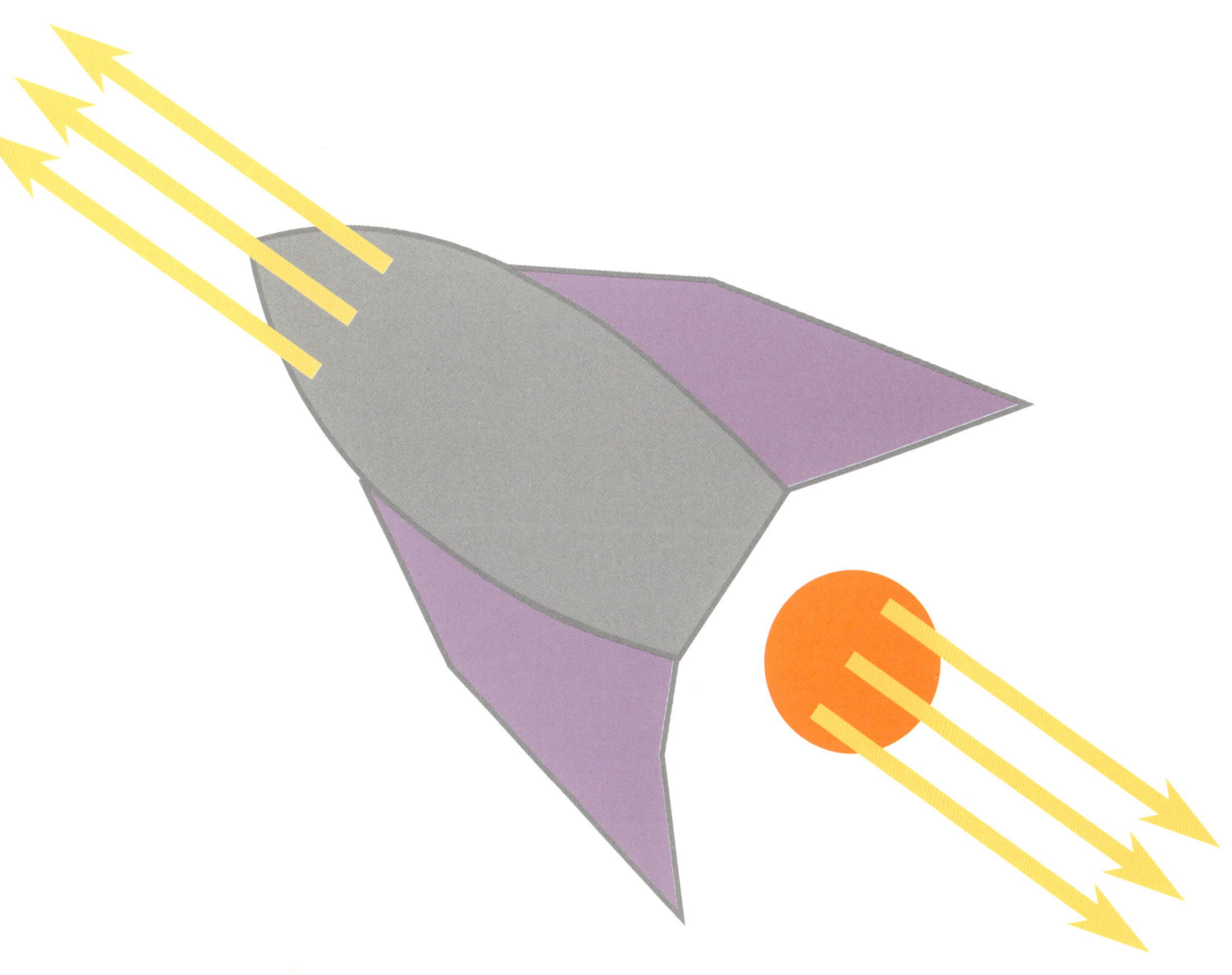

연료를 빠르게 내뿜을수록
로켓도 빠르게 나아가요.

그래서 우리는 연료를 폭발시켜요!

이때 로켓을 미는 힘을 **추력**이라고 해요.

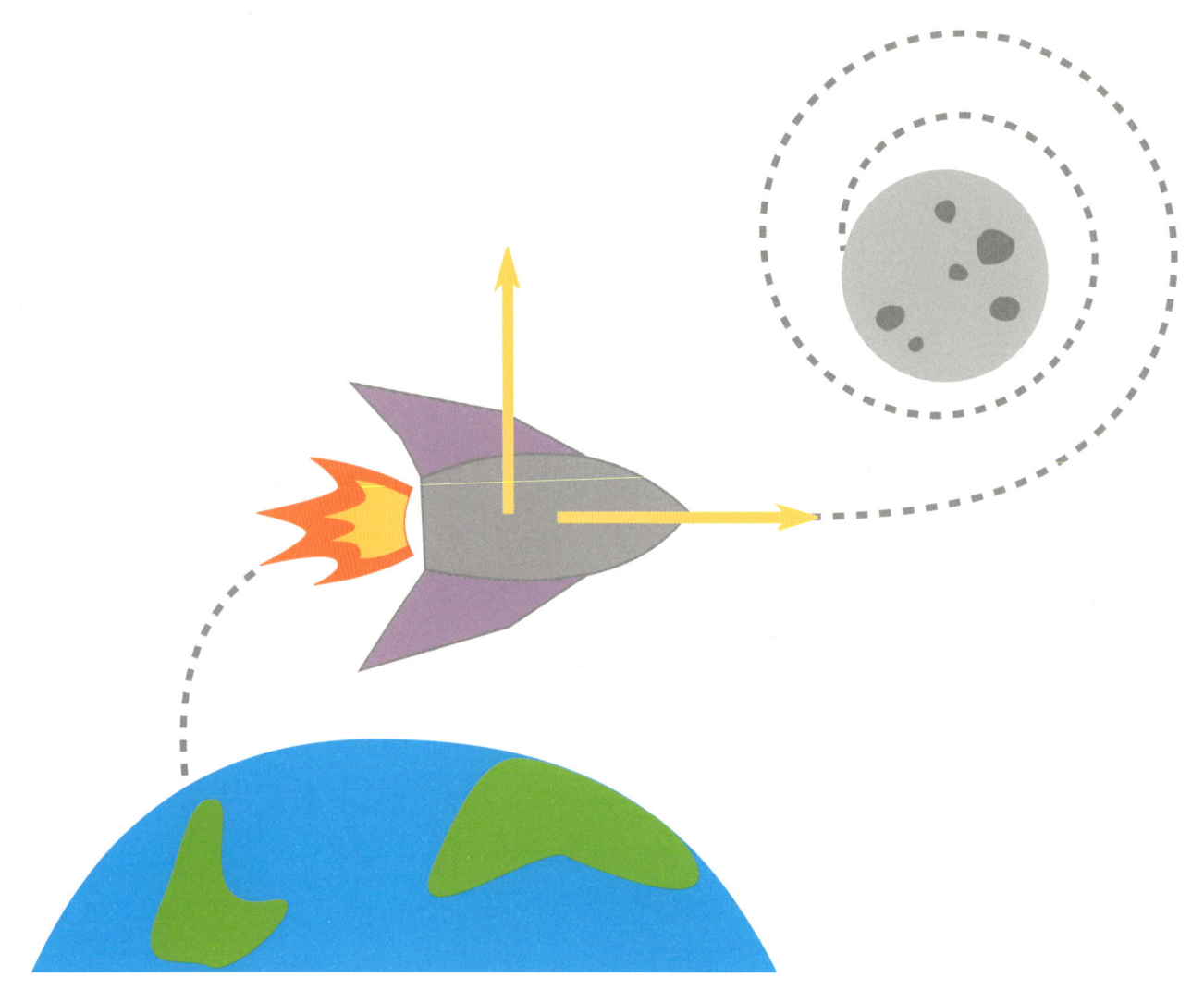

양력과 추력을 이용하면,
달까지 여행할 수 있답니다!

여러분은 이제

로켓 과학자예요!

로켓 과학

초판 1쇄 발행 2023년 9월 25일
지은이 크리스 페리 옮긴이 정회성 감수 손정락
펴낸이 김현태 펴낸곳 책세상어린이 등록 2021년 1월 22일 제2021-000032호
주소 서울시 마포구 잔다리로 62-1, 3층(04031) 전화 02-704-1251 팩스 02-719-1258
이메일 editor@chaeksesang.com 광고·제휴 문의 creator@chaeksesang.com
홈페이지 chaeksesang.com 페이스북 /chaeksesang 트위터 @chaeksesang
인스타그램 @chaeksesang 네이버포스트 bkworldpub

ISBN 979-11-5931-974-7 74080
ISBN 979-11-5931-969-3 (세트)

잘못되거나 파손된 책은 구입하신 서점에서 교환해 드립니다.
책값은 뒤표지에 있습니다.
책세상어린이는 도서출판 책세상의 아동·청소년 브랜드입니다.
전 연령의 어린이에게 적합한 도서입니다. Printed in Korea

All rights reserved
including the right of reproduction in whole or in part in any form.
This edition published by arrangement with Sourcebooks, LLC.
This Korean translation published by arrangement with
Chris Ferrie in care of Sourcebooks, LLC through Alex Lee Agency ALA.

이 책의 한국어판 저작권은 알렉스리에이전시 ALA를 통해 Sourcebooks, LLC사와 독점 계약한 책세상에 있습니다.
저작권법에 의해 한국 내에서 보호를 받는 저작물이므로 무단 전재와 복제를 금합니다.

지은이 **크리스 페리**

물리학자이자 수학자예요. 캐나다 워털루대학교에서
응용수학 석사 학위를 받은 뒤 양자역학 확률론과 응용수학 박사 학위를 받았어요.
지금은 오스트레일리아 시드니공과대학교 양자 소프트웨어 및 정보 센터 교수로 있어요.
어린이 과학자 네 명의 아버지로, 과학 이론을 가르치는 것은 빠를수록 좋다고 믿고 있답니다.

옮긴이 **정회성**

도쿄대학교 대학원에서 비교문학을 공부하고 성균관대학교와 명지대학교에서 번역 이론을 강의했어요.
지금은 인하대학교 영어영문학과 초빙교수로 재직하면서 번역가로 활동하고 있어요.
《피그맨》으로 2012년 IBBY(국제아동청소년도서협의회) 어너리스트(Hornor List) 번역 상을 받았어요.
옮긴 책으로 《위대한 개츠비》, 《인간 실격》, 《동물 농장》, 《월든》, 《이게 모두 사실이라고?》 등이 있고,
쓴 책으로 《혼자서도 술술 영어 일기 쓰기》, 《책 읽어 주는 로봇》, 《내 친구 이크발》 등이 있어요.

감수 **손정락**

서울대학교에서 물리학을 선공하고, 지금은 싱가포르 난양공과대학교에서 물리학 박사 과정을 밟고 있어요.
양자 물리를 통해 에너지와 정보를 다루는 새로운 방식들을 만들고 있어요.
연구 과정에서 배운 재밌는 내용들을 더 많은 사람들에게 전달하는 일에도 관심이 있답니다.

'키즈 유니버시티 시리즈' 사용 설명서

동화책을 읽어 줄 때처럼, 이 책도 열정을 가지고 읽어 주세요. 엄마나 아빠, 선생님 같은 어른들이 관심을 가진다면, 아이들도 그만큼 책에 주의를 기울일 거예요. 아이들이 이해할 수 있도록 도와주면서 호기심을 자극하세요. 과학이 중요하다는 사실을 알려 주세요.

아이들은 때때로 그림에만 흥미를 느끼고, 내용을 이해하지 못해 답답해하며 질문을 쏟아 낼지도 모릅니다. 그러면 가장 먼저 아이를 칭찬해 주세요. 또 함께 풀어 보자고 의욕을 북돋워 주세요. 생각과 질문이 얼마나 중요한 것인지도 얘기도 주시고요. 정답을 알지 못해도 괜찮다고 다독이며, 때로는 답을 찾아가는 과정이 더 재미있다는 것도 알려 주세요. 아이가 던지는 질문에 대한 가장 좋은 대답은 바로 "네 생각은 어떠니?"라고 되묻는 것입니다.

자신의 생각을 잘 표현하는 아이로 성장하려면, 학습이 하나의 과정이라는 사실을 꼭 이해해야 합니다. 성공은 단순히 정답을 맞히는 것 이상의 의미를 갖습니다. 성공이란 질문을 던질 수 있는 용기, 답을 찾아내려는 끈기, 틀렸을 때 다시 일어설 수 있는 회복력을 갖추는 것을 의미합니다. 틀려도 괜찮습니다. 모든 실패는 성공을 향한 걸음이니까요. 이 걸음에서 어른들의 역할은 아이에게 과학을 가르치고 사실을 알리는 것에 그치지 않고, 평생 배움을 이어 나가는 데 필요한 기술과 마음가짐을 깨우치게 하는 것입니다.

크리스 페리